OBSERVATIONS

ET

NOTES HISTORIQUES,

SUR ROBESPIERRE, LA COUR DE COBLENTZ, etc.,

SUIVIES D'UNE COURTE BIOGRAPHIE DE QUELQUES HOMMES DE LA TERREUR.

PAR J. DUPLAN,

AVOCAT A PARIS.

PRIX : 1 FR. 50.

PARIS.

CHEZ LES MARCHANDS DE NOUVEAUTÉS.

1833.

Imprimerie de CHASSAIGNON,
rue Git-le-Cœur, 7.

A MESSIEURS

DU COMITÉ CENTRAL DE LA SOCIÉTÉ DES DROITS DE L'HOMME.

Je ne présume pas, Messieurs, que vous ayez reçu mission de porter le trouble, la discorde et la défiance dans les rangs des patriotes. C'est cependant ce que votre publication semble avoir pour but, sous les dehors de la plus noble franchise et de la plus haute loyauté. Je ne croirai jamais que telle ait été votre intention, ni celle des imprudens écrivains dont les œuvres ont déjà produit tant de funestes effets. Quoiqu'il en soit, des fautes graves ont été commises; on en a profité, on en profite encore : il est temps d'arrêter le mal dans sa marche progressive, et de cesser d'abuser les vrais patriotes.

Quoique je ne professe pas toutes les doctrines contenues dans votre publication, il en est cependant plusieurs dont je ne m'écarterai jamais. Si ces principes avaient été proclamés par des hommes qui n'auraient pas cru nécessaire de recourir à la mémoire d'êtres fameux par leur profonde immoralité, par leur perfidie et leur indicible scélératesse; si ces principes avaient été émis sans invoquer l'appui d'hommes de sang tels que Robespierre, Marat et autres sicaires et agens soldés par les princes de l'émigration, pour rétablir l'absolutisme en France, non-seulement j'aurais confiance en vous et dans vos collaborateurs, mais j'oserais même travailler à l'œuvre commune, avec tout ce que le pays peut compter de bons citoyens.

Vous n'avez pas cru devoir agir ainsi, pas plus que vos collaborateurs ne l'ont pensé. Vous avez tous, comme d'accord avec un pouvoir occulte qui semble diriger et organiser la destruction d'un parti, invoqué d'affreux souvenirs, exhumé des noms exécrables, fait revivre des hommes dont l'existence fut un terrible fléau pour la France et ses libertés. Aussi, qu'avez-vous retiré de vos actes, quel fruit avez-vous recueilli de tant d'imprudences? Les hommes simples et crédules qui forment l'immense majorité de l'association, ont été effrayés, et le pouvoir a pu habilement profiter de vos fautes pour terrifier encore davantage ces bonnes gens que vous vouliez persuader. On leur a dit : *Voyez-vous ces modernes républicains ! ils vous appellent à continuer les œuvres de Robespierre et de ses acolytes ! Ils vont relever les échafauds sanglans de 93, recommencer le règne de la terreur et les saturnales des clubistes !..*

A cela, il n'y avait pas grand'chose à objecter, aux yeux de simples ouvriers incapables, la plupart, de soutenir une discussion de principes et de sophismes.

Qu'avez-vous fait pour fermer la bouche aux organes du pouvoir ? Vous n'avez commis que des fautes. Vous avez rendu hommage à Robespierre, en faisant souscrire pour sculpter et répandre dans le public la *belle* tête de ce monstre ; vous avez encensé Marat, le traître Marat, de la même manière, ainsi que quelques autres saltimbanques, dont vous avez proclamé l'éloge et les principes dans vos réunions.

Qu'est-il arrivé et qu'arrive-t-il encore ? Vous avez perdu le parti de la république ; vos meilleurs amis vous ont abandonnés, d'autres se tiennent à l'écart, et aujourd'hui je vois des sectionnaires, bons patriotes d'ailleurs, se retirer des sections, disant que le robespierrisme n'est pas leur système. Pour couronner l'œuvre, vous avez méconnu les corps institués, bons ou mauvais peu importe, injurié les personnes, blessé les consciences, menacé ceux qui ne vous comprirent pas, et enfin jeté un doute plus qu'indiscret sur le respect à venir du droit de propriété.

N'ai-je pas sous les yeux les publications de la presse patriote dont je suis membre? N'y vois-je pas l'éloge outré de quelques hommes qui perdirent la France? N'a-t-on pas réimprimé les discours mensongers de quelques sycophantes de la terreur? N'a-t-on pas élevé des trophées à ces misérables qui avaient vendu le pays? Et on invoque chaque jour les noms de ces traîtres! Et c'est ainsi que vous prétendez revenir à la république! Non, non, vous avez compromis la liberté; vous repoussez l'avenir d'une république...

Vous publiez que le déclaration des droits de l'homme fut adoptée par la Convention, sur la présentation qu'en fit le représentant du peuple Robespierre. En admettant même ce fait, il faut remarquer que cette déclaration n'était qu'une refonte de celle du général Lafayette qui avait été adoptée.

Mais puisqu'on invoque à tout propos le fameux nom de ce Robespierre, puisqu'on en veut faire un drapeau, il m'appartient, à moi qui me suis longtemps occupé des hommes de la révolution, de faire connaître à fond et Robespierre et les principaux agens soldés de la cour de Coblentz, ou des émigrés français. Je veux que l'on ne puisse plus abuser de l'ignorance ou de la crédulité des citoyens, qu'on s'est fait un plaisir de tromper jusqu'à ce jour.

En 1829, je publiai un écrit dans lequel je réclamais le rétablissement légal de la garde nationale de Paris. Cet écrit, qui m'attira tant d'affronts que l'on feint d'ignorer aujourd'hui, contient une note ainsi conçue : « Robespierre et ses sicaires étaient les fi» dèles mandataires de Coblentz; ils correspondaient » avec cette cour, comme je le prouverai bientôt » dans un ouvrage dont je réunis les matériaux (*). » (*Requête aux députés pour le rétablissement de la* » *garde nationale parisienne*. Page 28. Moutardier, » libr. 1828.) »

Le Journal *la Quotidienne* du 21 février 1829, me porta le défi de prouver le fait avancé dans ma note; elle disait que *cette assertion était si curieuse et étrange*, *qu'elle étonnerait même le Constitutionnel.* Voici ce que j'envoyai à la *Quotidienne*, qui refusa de l'insérer (j'ai en main la lettre que m'écrivit monsieur Laurentie, son rédacteur en chef). Je prie le lecteur de se bien pénétrer de ce que je vais dire.

(*) J'allais publier cet ouvrage, quand survint la révolution de 1830. Je le livrerai bientôt au public.

« En attendant que je publie les documens qui sont en mon pouvoir, permettez, Monsieur, que je rende clair ce qui vous paraît improbable. Je n'aurais (*) pas voulu réveiller le remords dans le cœur des anciens membres de la cour de Coblentz, de ces grands coupables qui, de ce foyer de conspiration, eurent assez d'influence pour faire traîner leur roi à l'échafaud ; mais votre défi m'engage à prendre des mesures efficaces pour que je puisse, dans peu, initier le public dans le secret des voies qui mènent à ce vaste tombeau qu'une faction impie parvint à combler de plusieurs milliers de citoyens, et qui, pour se préparer à l'œuvre sanglante qu'elle méditait, débuta dans la carrière des crimes par le meurtre de son roi.

» Pour prouver que la mort de Louis XVI fut l'ouvrage de la cour de Coblentz, je m'en tiens à ce qui suit : *L'événement de la mort de Louis XVI sur l'échafaud... de ce roi qui ne périssait que par les crimes de Coblentz et pour leur expiation, devint un sujet de triomphe pour les auteurs de ces crimes !..* (Hist. secr. de Coblentz, ch. 9. 1793. R Montg. 1814. — Mém. de Bouillé, t. 2. — Lettres des princes à Favras et autres conspirateurs, rapp. dans le *Prisonnier du Temple*, de R. Varin. — *Transaction entre Dumouriez et le roi de Prusse qui, cédant à l'influence de Coblentz, consentit à faire hâter la mort*

(*) J'écrivais le 22 février 1829.

du roi. V. la correspondance des émigrés peints par E. M.).

« *Coblentz faisait agir Robespierre et ses sicaires*... » Démontrons cette vérité.

Il y a un temps prescrit par l'expérience, pour que la vérité soit mise au jour sur toutes choses. On peut avancer que le dehors (Pitt et Coblentz) a dirigé Robespierre; il était entouré *d'agens de* MONSIEUR, qui lui ont successivement désigné les personnes dont il craignait les remords, celles qui avaient deviné ses projets, et celles qu'il savait ne lui être pas favorables. (*Pièce produite dans le procès de l'ex-conventionnel Durand de Maillane*.)

Robespierre, au nom de la république et de la liberté, fit égorger les seuls, les véritables républicains. Cette conduite devait nécessairement faire ouvrir les yeux, exciter les soupçons : c'est ce qui ne manqua pas d'arriver, après la mort de tous les membres du parlement de Paris, qui avaient eu connaissance du dépôt de certaines pièces, qui eut lieu pendant l'assemblée des notables, d'après lesquelles pièces il était constant que les enfans de Louis XVI ne lui appartenaient pas. Ce dépôt fut fait par L. D. D. F. J. (*) Or, le prétendant qui avait fait faire ce

(*) Je ne nomme pas le personnage, il nie le fait. Il est vrai que tout mauvais cas....

dépôt, qui devait se servir de ces pièces pour reussir dans son but criminel, ne voulut pas que ceux qui avaient connaissance de ses turpitudes pussent un jour l'accuser : ILS FURENT GUILLOTINÉS ! M. de Malesherbes fut mis à mort, parce qu'il était dépositaire du codicille du Roi. (v. le moniteur du 10 germinal, an VI). Qui fesait faire ces massacres ? L'agent de Coblentz, l'agent de MONSIEUR, en un mot, Robespierre.

On voit plus encore. Rousseau, le représentant du peuple, nous apprend : « L'influence de MONSIEUR, sur la mise en accusation et la condamnation d'une foule de ci-devant nobles et de parlementaires, ne doit pas étonner. Je suis persuadé depuis long-temps qu'une main invisible a dirigé la main de Robespierre et de ses abominables suppôts dans le choix de leurs victimes ; c'est à Coblentz qu'ont été prononcés la plupart des arrêts qu'une férocité stupide et aveugle a fait exécuter dans toute la France, contre une foule de républicains; et que les anarchistes de l'an II, en se couvrant du manteau du républicanisme, n'ont été que les instrumens des vengeances et de l'ambition des princes, frères du Roi.

« J'en dois la première idée à un citoyen avec lequel j'ai été long-temps détenu.(*) Il avait vécu à la cour, et connaissait mieux que personne les secrètes

(*) Lettre de Rousseau.

intrigues et le caractère perfide et atroce des chefs des émigrés.

« Tous les jours, à la lecture des listes des condamnés, il m'indiquait les noms de ceux dont les rois de Coblentz avaient demandé la mort et m'en expliquait les motifs.

« Ne voyez-vous pas, me disait-il, qu'on poursuit et qu'on égorge de préférence tout ce qui a pris part à la révolution, ou qui, devant émigrer, a refusé de le faire?

« On a puni Bailly d'avoir présidé à la séance du jeu de paume. Si on n'a pas égorgé tous les municipaux qui furent ses collègues, on ne persuadera personne que ce soit par des motifs d'humanité que Robespierre et ses acolytes les épargnent...

« Tous les généraux qui servent la république éprouveront le sort de Custine. C'est un crime à Coblentz que d'être noble et de servir ailleurs qu'à Coblentz.

« Biron, Beauharnais, Destaing et vingt-deux députés à la Convention ont été guillotinés parce qu'ils n'ont pas servi Coblentz... L'ordre de traduire le duc d'Orléans au tribunal révolutionnaire est venu du *dehors*. Camille Desmoulins a été égorgé par ordre de Robespierre, parce qu'il réclamait des mesures de clémence...

« Robespierre eut ordre de faire périr C. Desmoulins, parce qu'il avait donné le signal de la liberté, en arborant, le premier, la cocarde nationale, et qu'il avait déterminé l'attaque et la prise de la Bastille.

« Robespierre ne fait rien pour apaiser la Vendée; au contraire, il maintient en commandement les généraux dont l'impéritie et la trahison alimentent la guerre civile au lieu de l'étouffer. Quand Guetinaud et Westermann ont battu les rebelles, il les fait périr; quand Philippeaux, indigné de tant de crimes et d'ineptie, publie la vérité, au lieu de couronnes civiques, Robespierre lui donne la mort. Aurait-on fait autrement à Coblentz...? (*)

» La guerre de la Vendée pouvait être étouffée en peu de temps; elle ne l'a pas été, parce que Coblentz ne le voulait pas.» (*Monit.* germinal an VI. Lett. de Rousseau.)

Ce qui prouve bien plus évidemment encore l'intelligence entre Coblentz et le tribunal révolutionnaire, c'est le jugement qui acquitte un noble du Dauphiné, ex-officier de dragons, qui avait quitté le

---

(*) C'est à tort que l'historien, M. Thiers, prétend que Philippeaux fut condamné comme simple calomniateur. Il fut sacrifié pour avoir trop clairement révélé la vérité.

service pour ne pas prêter serment à la République. Traduit devant le tribunal révolutionnaire de Paris, pendant la terreur, Brochet, un des jurés, lui demande *s'il s'est trouvé à l'assemblée de Vizille* (où elle décida que le *tiers* aurait une double représentation); il dit : *Non. Tu es bien heureux*, répondit Brochet, *car tu l'aurais payé de ta tête.*

On sait, en outre, que Coblentz voulait le renversement du trône, la dissolution de la Convention, la mort d'une partie de ses membres. Pour réussir dans ce dessein, on tenta plusieurs fois de soulever le peuple; ces tentatives échouèrent au 10 mars, et réussirent aux journées des 31 mai et 2 juin 1793. Qui dirigea et exécuta ces tentatives? Robespierre, Danton, Marat et autres dans la Convention; Chaumette, Hébert et autres, dans l'assemblée des Communes, avec Deffieux, Dubuisson et quelques autres particuliers sans fonctions, et quelques étrangers tels que les Frey, Proly, Pereira, etc. Or, tous ces gens-là étaient soudoyés par un parti; le parti de la terreur ne voulait que la mort des vrais patriotes; donc le parti de Robespierre était l'agent de ceux qui étaient intéressés à renverser la république et assassiner les patriotes; or, Coblentz était le seul parti qui voulût ce renversement : donc le parti de la terreur et Coblentz agissaient de concert, d'intelligence. Coblentz ordonnait, Robespierre exécutait et faisait exécuter.

Nous ferons observer d'ailleurs, que Robespierre n'empêchait pas quelques nobles, qu'il savait à Paris et ailleurs, de fomenter les émeutes, que les agens de Calonne secouaient le flambeau de la guerre civile, et Robespierre ne les faisait pas arrêter; que MONSIEUR était en correspondance avec Robespierre; qu'il lui écrivait notamment : IL FAUT NOUS DÉBARRASSER DE TOUS CES PATRIOTES; IL FAUT QUE LA GUILLOTINE AILLE ENCORE !...

Au sujet des papiers trouvés chez Robespierre, Courtois, en son rapport, ne fait-il pas connaître que ce chef de la terreur avait, dans tous les temps, entretenu des correspondances avec des agens de divers pays ? les émigrés eux-mêmes disaient, à sa mort : *Il est mort, renversé à la Convention par ceux-là même qui craignaient qu'il ne parlât* : NOS AMIS L'ONT TUÉ. On peut aisément prouver tous ces faits.

Je crois en avoir dit assez. S'il restait encore quelqu'incertitude dans votre esprit sur la *preuve* que vous avez demandée, je vous donnerais quelques renseignemens qui vous tireraient d'embarras, j'en suis sûr. Ce qu'il y a de certain, c'est que la famille royale a assassiné Louis XVI et son fils, et que le crime, s'il n'est pas puni, se perpétue souvent dans les maisons dont les membres succombent à leur tour victimes de forfaits.

J'ai répondu promptement au défi que vous m'avez fait. (*) J'ignore si vous aurez le courage, et la loyauté de faire connaître ma réponse, qui est un peu longue, sans doute, mais qui ne l'est pas trop pour un tel sujet. Je réponds à votre défi par un autre.

J'ai l'honneur etc.

Inutile d'ajouter que la *Quotidienne* n'osa pas publier ma lettre.

J'ai entrepris de démasquer Robespierre et ses acolytes, tous agens stipendiés de Coblentz; continuons notre œuvre. Pour cela, je n'ai qu'à puiser dans l'ouvrage que je me propose de publier : je transcris au hasard.

MONSIEUR écrit au comte d'Artois, alors à Londres, le 28 décembre 1792, au moment où le Roi venait d'être mis en jugement : « Tout ce que la » fortune pouvait imaginer de plus fatal s'était réuni » contre nous, depuis dix-huit mois; mais il semble » qu'elle veuille s'apaiser et nous regarder avec » plus de faveur. Que nous importe, en effet, que le » prince de Condé ait obtenu, à notre préjudice, le » commandement de l'armée fournie par le roi de » Prusse et l'Empereur, SI LE COUP QUI SE PRÉPARE » EST FRAPPÉ ? (Notez que le Roi est en jugement.) Il

(*) C'est toujours ma réponse à la *Quotidienne*.

» vaut (ce coup) lui seul une armée. *Soixante Mon-*
» *tagnards* de l'assemblée et le ministère anglais nous
» restent ; avec de tels secours on peut tout espérer.
» .... Voyez Pitt plus souvent...

« Signé Louis-Stanislas-Xavier. »

Voilà donc que ce prince compte sur *soixante Montagnards*. Pourquoi y compte-t-il ?

A la nouvelle de la mort de Louis XVI, le même prince écrit à son frère :

« C'en est fait, mon frère, le *coup* est porté. Je
» tiens dans mes mains la nouvelle officielle de la
» mort de Louis XVI, et n'ai que le temps de vous
» la transmettre. En donnant des larmes à nos pro-
» ches, n'oublions pas de *quelle utilité* pour l'état va
» devenir leur mort. Que cette idée vous console,
» et pensez que le Grand-Prieur, votre fils, est, après
» moi, l'espoir et l'héritier de la monarchie.

» Signé : Louis-Stanislas-Xavier. »

Cette lettre est un chant de triomphe.

Ronsin et Vincent, traîtres de toutes les façons, commandaient en Vendée et laissaient égorger les patriotes. Aucune réclamation n'aurait pu parvenir à les faire remplacer dans l'armée républicaine, s'ils n'avaient eux-mêmes commis de telles fautes qu'ils furent arrêtés plus tard. (*) Un M. de Sen......, qui était, à cette époque, parmi les rébelles, écrivait à son père :

« Nous sommes très-malheureux dans cette guerre. Ronsin et Vincent ont été arrêtés. On a trouvé des preuves contr'eux; ils seront guillotinés assurément. Je regrette beaucoup ces deux braves gens, ils nous ont rendu d'importans services. Je dois à Vincent de n'avoir pas été traduit au tribunal de sang; il m'a caché et procuré les moyens de rejoindre mes compagnons. Je ne connaissais pas Ronsin, je sais seulement qu'il *pensait bien;* il traitait humainement les nobles et les prêtres, il les favorisait. J'ignore pourquoi Robespierre les a fait arrêter, car c'est lui qui fait tout. Cependant je sais de bonne part qu'il n'est pas aussi noir qu'il le veut paraître, vous m'en avez assez écrit à ce sujet. Peut-être qu'il n'agit ainsi que pour ne pas trop éveiller les soupçons. Il est bien fâcheux néanmoins de voir périr deux hommes à qui nous devons tant! Vous devriez faire en sorte que *le prince qui a des relations avec les Jacobins,* intercédât pour Vincent à qui je suis redevable de la vie.

» Nos affaires sont en mauvais état. Les généraux

(*) Ils furent arrêtés à Paris, où ils excitaient ouvertement à la révolte. Cette conduite, jointe à leurs actes précédens, les fit mettre à mort.

ennemis ne sont plus en guerre entr'eux, ils sont unis pour notre malheur. Au premier échec, je quitte la partie. Quand Monseigneur vint ici, il nous annonça des secours prochains, et nous n'avons rien vu. Pourquoi nous ferions-nous tuer pour rien ?... »

Robespierre, au milieu des flots de sang qu'il faisait couler, n'oubliait pas les intérêts de sa fortune. On l'a surnommé le *vertueux ;* on a vu de ses traits. Voyons s'il était aussi *incorruptible* et *désintéressé.*

Voici une lettre anonyme adressée à Robespierre, sans date. Avant de lire cette lettre, (*) disons que Robespierre avait un agent particulier qu'il chargeait de missions secrètes en France et à l'étranger. On ignore si ce roi des jacobins conçut quelques soupçons sur la fidélité de cet agent, ou s'il crut nécessaire de s'en défaire ; quoi qu'il en soit, il le fit revenir à Paris, arrêter et mettre à mort. C'est, sans doute, après la mort de ce jeune homme que Robespierre fit de nouveaux envois dans l'étranger. Ce dernier envoi est mentionné dans la pièce suivante, dans cette pièce qui vaut à elle seule de précieux documens. Cette lettre est insérée tout au long dans

(*) Elle est généralement attribuée à Monsieur, depuis, Louis XVIII.

le rapport de Courtois. (*) (*Papiers trouvés chez Robespierre*).

« Sans doute vous êtes inquiet de ne pas avoir reçu plutôt des nouvelles des effets que vous m'avez fait adresser, pour continuer le plan de faciliter votre retraite dans ce pays. Soyez tranquille sur tous les objets que votre adresse a su me faire parvenir, depuis le commencement de vos craintes personnelles et non pas sans sujet. Vous savez que je ne dois vous faire de réponse que par notre courrier ordinaire; il a été interrompu dans sa dernière course, ce qui est cause de mon retard aujourd'hui. Mais lorsque vous le recevrez, vous emploierez toute la vigilance qu'exige la nécessité de *fuir un théatre ou vous devez bientôt paraître et disparaître pour la dernière fois*. Il est inutile de vous rappeler toutes les raisons qui vous exposent; car le dernier pas qui vient de vous mettre sur le sopha de la présidence vous rapproche de l'échafaud, où vous verriez cette canaille qui vous cracherait au visage, comme elle a fait à ceux que vous avez jugés. Égalité, dit d'Orléans, vous en fournit un assez grand exemple. Ainsi, puisque vous êtes parvenu à vous former ici UN TRÉSOR SUFFISANT pour exister long-temps, ainsi que les *personnes pour qui j'en ai reçu de vous*, je vous attendrai avec grande

(*) Voir le rapport présenté par Courtois, à la séance du 16 nivôse an III, imprimé par ordre de la Convention.

impatience, pour rire avec vous du rôle que vous avez joué dans les troubles d'une nation, aussi crédule qu'avide de nouveautés. . . prenez votre parti d'après nos arrangemens : tout est disposé. Je finis, notre courrier part : je vous attends pour réponse, (RAPPORT DE COURTOIS.)

Nous ne dirons pas un mot de plus sur un être aussi infâme qu'il fut traître et perfide. Et voilà l'homme dont on ose, sans pudeur, invoquer le nom et les actes ! Ce ne peut être qu'un étourdi, un imprudent, qui puisse s'oublier à ce point que d'évoquer un nom entouré de souvenirs aussi affreux. Ah ! celui-là peut être patriote de bonne foi qui agit ainsi ; mais il faut avouer qu'il est bien ignorant et bien incrédule. S'il a agi de conviction, je lui dirai que cette conviction est un crime, puisqu'elle renverse et détruit un parti.

Les imprudens apologistes de Robespierre n'ont pas manqué, depuis l'inconcevable publication du manifeste *du Comité des Droits de l'homme*, de justifier leur nouveau saint, dont ils ont fait le patron de leur système. M. Cabet, notamment, a eu le triste courage de publier, dans le *Populaire* du 3 novembre 1833, l'éloge, à peu-près, de ce chef de la terreur. Les journalistes les plus radicaux presque effrayés du mauvais effet de la publication du manifeste, se sont vus contraints de désapprouver cet acte qu'on ne pouvait guères tenter de justifier sans tomber dans le ridicule. Mais cette singulière justification, tentée par M. Cabet, vient corroborer le jugement porté sur Robespierre, sur cet hypocrite spéculateur de la sottise et de l'aveuglement des hommes qu'il sut trop long-temps abuser (*). Elle nous fait connaître à fond la scélératesse de ce chef d'assassins!..

Cet honorable écrivain nous montre Robespierre à la tribune de la Convention, disant à ses collègues :

« Je vous proposerai d'abord quelques articles...
« sur la *propriété*... Que ce mot n'alarme personne :
« *Ames de boue, qui n'estimez que l'or, je ne veux*
« *point toucher à vos trésors, quelque impure qu'en*
« *soit la source!* Cette loi (agraire) n'est qu'un fan-
« tôme créé par les fripons pour épouvanter les im-
« béciles... J'aimerais bien autant pour mon compte
« être l'un des fils d'Aristide... que l'héritier pré-
« somptif de Xercès, né dans la fange des cours pour
« occuper un trône décoré de l'avilissement des peu-
« ples et brillant de la misère publique. » (*Choix et Rapports*, t. XII, p. 299.)

C'est ainsi que M. Cabet proclame l'éloge de M. de Robespierre.—Mais nous nous permettrons de faire

(*) Voir les discours de Billaud-Varennes et de Tallien, séance du 9 thermidor (*Moniteur*.)

observer à cet honorable panégyriste que Robespierre ne parlait ainsi et ne semblait repousser une loi agraire que par la raison qu'il la voyait jugée d'avance et repoussée par tous les hommes honnêtes ; puis il pouvait, quant à lui, se passer d'une telle loi pour arriver à son but, celui de faire le plus d'ennemis possible à la république. D'un autre côté, il traitait de fripons et d'imbéciles ceux qui croyaient à un tel projet de loi... Et cependant on s'emparait des biens des suspects, notamment de tous ceux qui portaient ombrage aux conspirateurs, aux gens de la terreur. Maximilien, lui-même, ne faisait-il pas trésor des dépouilles des suspects?

Comment donc Robespierre pouvait-il bien appeler *ames de boue* ceux qui n'estimaient *que l'or*, lui qui ne voulait pas *toucher à leurs trésors*, *quelque impure qu'en fût la source !* Et cependant il estimait grandement l'or pour lequel il affectait un si grand mépris, lui qui thésaurisait et envoyait à l'étranger ! et quelle était la source PURE où il puisait les fortunes qu'il faisait partir de Paris, placer hors de France, pour lui servir au jour prochain où il se proposait de déserter son pays?

Serait-il possible d'élever un doute sur ce qui précède? oserait-on dire que c'est pure invention? qu'on relise donc la lettre de Rousseau et celle extraite du rapport de Courtois. S'il restait encore quelque doute dans les esprits même les plus prévenus en faveur de ces objets de leur culte politique, eh bien! j'achèverais de les convaincre en offrant de nouveaux documens que la brièveté de cet écrit ne saurait comporter.

Oui, Robespierre fut un hypocrite, un traître, l'agent de Coblentz et l'assassin des patriotes français.

Cessez donc d'abuser les esprits ignorans et crédules; on ne peut pas avoir foi dans vos paroles dictées par la plus coupable ambition. Ne venez plus nous dire de *cesser de vous parler de* 93, de *la réaction de* 1794, de *la terreur, et des mitraillades dans les rues de Paris.* Ce sont les monstres dont vous êtes les insensés panégyristes (*), qui causèrent tous ces désastres; et leurs furieux sectaires ont renouvelé quelques unes de leurs scènes en promenant le désordre et la mort dans nos villes, et cela au nom d'une liberté qu'ils ne rêvaient que pour la livrer à l'étranger qui les soudoie... Vous provoquez à l'anarchie, vous voulez vous emparer du peuple pour l'égarer et le perdre; malheur au peuple s'il se livre à vous!

Et cependant je n'ai écrit que la millième partie de ce que je possède sur ce bourreau des patriotes

(*) Je ne m'adresse qu'aux panégyristes des hommes de la terreur.

français? Que serait-ce donc si je laissais courir ma plume... mais le dégoût l'arrêterait bientôt.

On a aussi célébré l'apothéose de Marat, on a distribué son image... eh bien! voyons ce que fut ce Marat, le plus atroce des jacobins, après son maître Maximilien, par lequel il est juste de commencer cette courte biographie. Je m'inquiète fort peu si ma façon de penser sur ces hommes sanguinaires plaira à leurs admirateurs : j'écris de l'histoire, et je veux prémunir les honnêtes gens sur les perfides apologies de pareils monstres.

Si l'on veut apprécier la marche progressive de Robespierre, sa tactique, ses ruses pour avancer et se faire un parti, sa violence, sa haine, sa cruauté, quand il est parvenu à se rendre l'idole de la populace; et enfin sa pusillanimité, sa lâcheté, sa faiblesse de caractère, au moment du danger, on n'a qu'à lire la *Biographie des Contemporains*. Mais je ne veux ici que faire connaître, en peu de mots, cet agent de Louis XVIII; pour cela, il me suffira de résumer l'opinion des auteurs des *Causes secr. et des Ex. de la Rév.*

Sous le masque et les formes d'un patriote très-exalté et très-soupçonneux, Robespierre cachait l'âme d'un conspirateur, d'un traître. Depuis le 31 mai 1793 jusqu'au 9 thermidor, il seconda les intentions sanguinaires *de ceux qui le dirigeaient*, et il joua le rôle de précurseur. Il prépara et aplanit les voies par lesquelles Louis XVIII devait arriver au trône. On sait que ce prince, sujet à s'effrayer, qui, comme le dit Montgaillard, était ombrageux, défiant, et frémissait à la vue d'un faisceau de piques, voulait, pour régner sans inquiétude, purger la France de tous les patriotes dont il redoutait l'énergie. Il était (ce prince) cruel par peur, *Sœvus mœtu*, comme Suétone le dit de Tibère.

Robespierre, doué d'un caractère semblable, ajoutait sa propre tyrannie à la tyrannie de ceux qui lui commandaient des proscriptions et des supplices; de plus, il devait, pour mieux tromper le parti qu'il feignait de soutenir, (la république) lui faire quelques concessions, et envoyer, de temps en temps, à la mort, quelques royalistes obscurs et surtout des nobles qui n'avaient pas émigré, car on ne doit pas oublier que ne pas émigrer était un crime à la cour de Coblentz.

On ne peut pas donner une autre explication à la conduite de Robespierre. Cette explication est corroborée d'ailleurs par ce fait singulier; c'est que Louis XVIII, ne pouvant plus récompenser les anciens services de Robespierre et pour les reconnaître, accorda une pension à la sœur de ce monstre, à la restauration. Cette femme vivait encore en 1824, et touchait sa pension à la liste civile...

Marat, médecin des gardes d'Artois, avait, dans plusieurs séjours faits en Angleterre, pu se concerter avec les partisans des princes émigrés. Il se fit un devoir, pour céder aux instigations de Calonne et de Louis XVIII, de ne dénoncer que des républicains. Après avoir demandé, à plusieurs reprises, un *chef*, un *roi*, un *dictateur*, un *régulateur*, un *tribun du peuple*, il contribua de tous ses moyens à faire périr sur l'échafaud ceux qui avaient renversé le trône et fondé la république ; il sut, par ses perfidies, s'arroger la réputation de républicain, et de républicain d'une espèce supérieure. C'est en cette qualité qu'on lui accorda les honneurs du Panthéon, après qu'il eut reçu, dans son bain, de la main de Charlotte Corday, une mort bien méritée. Mais les yeux des Français, trop long-temps fascinés sur le compte de ce scélérat, s'ouvrirent enfin, et les cendres de ce monstre passèrent du Panthéon à l'égoût de la rue Montmartre.

Danton fut moins haineux, moins sanguinaire que Robespierre, auquel il était supérieur en génie. Avec plus d'instruction et surtout plus de moralité, son nom aurait occupé un rang distingué dans notre histoire. Il s'attacha d'abord au parti d'Orléans, et lui fit plusieurs infidélités. La force extraordinaire de sa voix, qui se faisait entendre au milieu des discussions les plus tumultueuses, son néologisme, son éloquence énergique, entraînante et populaire, la puissante influence que ces qualités lui donnaient sur la multitude, le faisaient rechercher de divers partis. Il succomba plusieurs fois aux tentations des ministres de Louis XVI, et sacrifia à l'or qu'ils lui offraient ses engagemens secrets avec le parti d'Orléans et ceux qui le liaient ouvertement aux amis de la liberté.

Chaumette, procureur de la commune de Paris, fut un ennemi remarquable de la république. Il venait de temps en temps à la barre de la Convention, demander quelques millions pour secourir les ouvriers sans travail et les pauvres de Paris. Mais au lieu de secourir ces malheureux, il employait ces fonds à soudoyer des traîtres occupés à sapper les fondemens de la république. On remarqua même que chaque lundi qui suivait les jours où les sommes qu'il demandait lui étaient accordées, une insurrection se manifestait, et la Convention se trouvait assiégée par plusieurs milliers d'hommes.

Un ex-constituant, membre de la Convention, fut un jour introduit parmi plusieurs agens de Coblentz. Il fut fort étonné d'y entendre ces nobles parler avec intérêt de Chaumette et de quelques autres. *Monsieur Chaumette est un de nos amis; il nous sert bien*, dit un de ces hommes. A ces mots, un autre répondit : *Il n'en fait pas encore assez, il faut que les excès aillent plus loin pour dégoûter les républicains de leur république.*

Desfieux, grand dénonciateur, était vendu à la

cour de Louis XVI. Il soutenait le parti d'Orléans et celui de l'Autriche. Dans la procédure instruite contre lui (voir le procès instruit et jugé au tribunal révolutionnaire contre Hébert et consorts, p. 18.), plusieurs témoins déposèrent qu'il était agent du ci-devant Orléans-Egalité, et qu'étant à Bâle, il n'y fréquentait que des émigrés, faisait une grande dépense, et y gagna 100,000 livres, en échangeant des assignats.

Faut-il parler de Pereira, de Dubuisson, de Gusman, de Frey, de Chabot, de Proly et de tant d'autres scélérats? Tous ces hommes étaient des agens de Louis XVIII, et formaient le comité des onze, séant à l'évêché, qui fut remplacé par un comité de neuf, dont Marat était président, et Robespierre secrétaire. Tous ces hommes conspiraient contre la république, et se portaient à des excès horribles pour la faire détester.

Il a été reconnu évident que les troubles, les actes violens et sanguinaires, et les malheurs dont la France fut accablée, ne doivent être attribués qu'à ces agens de Coblentz, et non imputés à l'essence de la Convention, ni aux pouvoirs de ses membres; ils furent, en un mot, l'œuvre des nobles et des émigrés, dont Louis XVIII était le chef avec son frère.

Qu'on n'accuse donc plus ni l'assemblée conventionnelle, ni les principes de la révolution, ni l'amour de la liberté, comme on l'a fait très injustement jusqu'ici, du régime de la terreur, des excès et des calamités qu'il a produits; mais qu'on accuse, au dehors, des Français corrupteurs, et au dedans, une poignée de Français corrompus, tels que Robespierre et ses agens : eux seuls furent là cause de nos désastres. Ce sont des Français transfuges, méditant des vengeances et des crimes, invoquant le génie du mal contre leur patrie, qui ont désolé la France. Voilà les auteurs de tous nos maux; ce sont eux et leurs agens qui ont souillé la révolution par leurs forfaits, afin de rendre à jamais la liberté odieuse aux nations.

Aujourd'hui encore ils osent accuser de leurs propres crimes la grande majorité de la Convention, si recommandable par son courage, ses dangers, son dévouement, dont ils ont opprimé une partie et sacrifié l'autre! Et ce qu'il y a de plus étrange, on a vu les trompeurs, les oppresseurs, accuser et calomnier ceux qu'ils ont trompés et opprimés, et enfin les assassins de Louis XVI diffamer Louis XVI lui-même...

Avant de terminer, accablons ces misérables détracteurs d'une époque si grande par l'opinion imposante d'un homme grave dont on n'osera pas révoquer en doute la véracité. M. le comte de Vauban, dans ses *Mémoires pour servir à l'histoire de la guerre de la Vendée*, page 195, s'étudie à nous démontrer les liaisons secrètes entre les chefs des chouans et les membres influens de la Convention. Cette preuve est complète et ne laisse aucun doute sur les faits qu'on vient de lire. M. de Vauban dit que tous les crimes, toutes les calamités de la révolution, que le régime de la terreur, les massacres de Quiberon et autres, doivent être *absolument* imputés aux chefs de l'émigration. Oui, ce régime est leur ouvrage. Quelle hypocrisie ces chefs ne montrèrent-ils pas, lorsque déplorant ces crimes et ces calamités, ils les citent aux générations présentes et futures comme des exemples à suivre. « Eloignez, disent-ils aux nations, éloignez de vos lèvres avides la coupe de la liberté; elle contient une liqueur empoisonnée. Ce sont eux, nobles, émigrés, princes et le chef même du gouvernement; oui, ce sont ces déclamateurs hypocrites, objets dignes de la haine et de la colère des peuples, qui secrètement ont fait couler le poison dans cette liqueur salubre ! »

Maintenant, à l'occasion du manifeste de la société des droits de l'homme, les écrivains du pouvoir jettent aux yeux des masses l'épouvantail des Robespierre, des Marat et de leurs complices, pour les effrayer au seul nom de liberté; et quelques écrivains patriotes ont eu la sottise et l'ignorance d'évoquer ces noms affreux pour étayer leur système...

Je dirai aux uns : votre effroi de tout système qui pourrait déranger le vôtre vous aveugle au point de vous faire confondre les hommes et les choses. Votre aveuglement ne vous laisse distinguer que les vains colifichets qui vous rendent les trop humbles serviteurs des caprices de vos maîtres. Votre opinion n'en est pas une. Vous êtes trop suspects et surtout trop intéressés à crier haro ! sur vos adversaires : on ne vous croit pas.

Je dirai aux autres : (*) Je veux croire que vous n'êtes pas stipendiés pour décrier et perdre le système sur lequel vous fondez votre amour de la liberté, de la république, du bonheur et de l'indépendance de la nation. Mais venir défendre vos principes à l'aide de noms propres aussi exécrables qu'exécrés, c'est folie ! ce ne peut être que cela, si ce n'est pas félonie.

(*) Je déclare que je ne m'adresse qu'aux prétendus chefs du parti et non au parti même.

www.ingramcontent.com/pod-product-compliance
Ingram Content Group UK Ltd.
Pitfield, Milton Keynes, MK11 3LW, UK
UKHW021116290826
14628UKWH00014B/2526

9 782013 279888